Sabine Thor-Wiedemann

ABSOLUTE JUNGEN-SACHE

99 Fragen und Antworten für Jungs

Ravensburger

Inhalt

VOM JUNGEN ZUM MaNN

Irgendwann zwischen deinem 11. und 14. Geburtstag ist es so weit: Deine Stimme wird tiefer, dein Körper sieht nicht mehr kindlich aus und Mädchen werden plötzlich ziemlich interessant. Einige Jungen entdecken in dieser Zeit auch, dass sie sich körperlich mehr zu Jungen als zu Mädchen hingezogen fühlen.

Nicht nur dein Körper verändert sich in der **Pubertät**, sondern auch dein Denken und Fühlen. Vielleicht ist dir aufgefallen, dass du in letzter Zeit **öfter genervt** bist von deinen Eltern und Geschwistern, von den Lehrern, deinen Freunden – und nicht zuletzt von dir selbst. Über dein Leben, deine Freundschaften und deine Familie hast du früher nicht nachgedacht. Jetzt grübelst du manchmal, wer du bist und was du anderen bedeutest. Auch deine Gefühle werden intensiver: Glück, Traurigkeit, Wut, Eifersucht, Liebe, Einsamkeit … all diese Empfindungen rütteln dich **durcheinander**.

Die körperlichen und seelischen Veränderungen werden von Hormonen ausgelöst, also Botenstoffen, die Nachrichten an die Organe überbringen. Ohne dass du es bemerkst, gibt die Hirnanhangdrüse (Hypophyse) im Gehirn das **Startsignal** für die Pubertät: Sie bildet Geschlechtshormone, die mit dem Blut deine Hoden erreichen. Die Hoden beginnen zu wachsen und das männliche Geschlechtshormon (Testosteron) zu bilden. Testosteron ist bei Jungen die treibende Kraft hinter allen Veränderungen in der Pubertät.

Wen interessiert schon, was ich denke?

In der Pubertät ziehen sich viele Jungen in ein Schneckenhaus zurück, weil sie sich unverstanden fühlen. Dabei interessiert es wirklich **alle**, die mit dir zu tun haben, was du denkst und fühlst. Nichts ist nerviger, als wenn andere mit dir „Gedanken raten" spielen müssen. Besonders, wenn du miese Laune hast und von außen schwer zu erkennen ist, woher die kommt. Zum Erwachsenwerden gehört dazu, dass man sagt, was man will und vorhat. Klar gibt's dann auch mal Streit, besonders mit den Eltern. Aber wahrscheinlich gibt es ja Gründe für das, was du meinst. Sag die doch einfach!

Wohin mit meiner schlechten Laune?

Zunächst mal – woher kommt die eigentlich? Miese Laune ohne jeden Grund ist selten, aber manchmal kommt man nicht gleich drauf, woran es liegt. Versuch herauszufinden, was es ist: Ist dir etwas missglückt, bist du enttäuscht? Hast du dich über jemanden **geärgert?** Wenn es etwas ist, was du ändern kannst, versuch es zu ändern oder zumindest mit einem Freund oder deinen Eltern darüber zu reden. Findest du keinen Grund für die schlechte Laune oder kannst du die Ursache nicht ändern, dann lenk dich ab. **Geh raus**, mach Sport, triff einen Freund. Computerspiele oder Internet bringen dich natürlich auch auf andere Gedanken. Aber manchmal ist der Frust schneller weg, wenn du einfach mal deine vier Wände verlässt und dich bewegst.

Wie ticken echte Männer?

Kennst du einen Mann, der ein **Vorbild** für dich ist? Überleg mal, was du gut an ihm findest. Vielleicht: Geht er seinen Weg und steht zu dem, was er tut? Hilft er Schwächeren, statt sie auszunutzen oder zu demütigen? Kann er die Meinung von anderen gelten lassen? Hat er Sinn für Humor? Strahlt er Gelassenheit aus? Männer, die als Vorbilder taugen, haben jedenfalls ein paar Dinge gemeinsam: Sie übernehmen **Verantwortung** für ihr Denken und Handeln. Sie zeigen anderen gegenüber **Respekt**. Sie nutzen ihre Stärke nicht aus.

WIE KLEINE JUNGS DENKEN	WIE MÄNNER DENKEN
Alle müssen mir etwas geben: Geld, Aufmerksamkeit und Zeit.	Ich kann auch geben und muss nicht immer als Erster drankommen.
Die anderen sind schuld. Ich war das nicht.	Ich baue auch Mist – und dann übernehme ich die Verantwortung dafür.
Ich bin die Hauptperson.	Die Welt kreist nicht nur um mich.
Ich mach, was mir gerade einfällt.	Ich überlege, bevor ich etwas tue oder sage.
Ich benehme mich daneben, wenn ich mich ärgere.	Ich habe Respekt vor anderen und flippe nicht völlig aus.
Mir ist egal, wie es anderen geht.	Ich versuche zu verstehen, wie andere sich fühlen.

Wieso habe ich in der Schule nur noch Stress?

Vielleicht, weil du die Schule längst nicht so wichtig findest wie deine Lehrer? **Völlig normal!** Deine gewaltigen körperlichen und seelischen Veränderungen und die neuen sexuellen Gefühle beschäftigen dich jetzt wirklich mehr als Mathe oder Geschichte. Aber versetz dich mal in deine Lehrer: Die ackern jeden Tag in der Schule, denen macht das auch nicht immer Spaß. Und dann zeigst du ihnen überdeutlich: „Was ihr mir hier erzählt, ist mir so was von egal." Das ist **mangelnder Respekt** – das würde dich umgekehrt auch ärgern. Vielleicht kannst du dich wenigstens etwas am Unterricht beteiligen, dann sind auch die Lehrer entspannter.

Darf ich Geheimnisse weitererzählen?

Ganz klar: **nein**. Was dir jemand im Vertrauen erzählt, musst du für dich behalten. Es gibt jedoch ein großes „Aber": Wenn du erfährst, dass jemand gemobbt, misshandelt oder sexuell missbraucht wird, oder wenn du in Aktionen eingeweiht wirst, die anderen schaden sollen, hört die Verschwiegenheit auf. Meistens hat man ein ganz gutes Gefühl dafür, was weitererzählt werden darf und was nicht. Wenn du ein **schlechtes Gefühl** hast, weihe so schnell wie möglich einen Erwachsenen ein. Das ist dann kein „Verrat", sondern Hilfe für einen Schwächeren.

Kein Vater in Sicht – mit wem kann ich reden?

Super, wenn man einen Vater hat, der auch noch zum Vorbild taugt. Aber wenn du deinen Vater nur selten siehst oder auf keinen Fall so werden willst wie er? Vielleicht hast du **Vertrauen** zu einem Verwandten, einem Freund deiner Eltern, einem Nachbarn, Lehrer oder Sporttrainer. Den könntest du ansprechen, wenn du ein **Problem** hast oder einfach mal reden willst. Falls du niemanden kennst, kannst du auch bei einer Telefonberatung anrufen, zum Beispiel beim kostenlosen Kinder- und Jugendtelefon „Nummer gegen Kummer": (0800) 111 0 333.

Warum bin ich jetzt manchmal traurig?

Auf dem Weg zum erwachsenen Mann wirst du nicht nur nachdenklicher, sondern fühlst dich auch manchmal bedrückt und mutlos. Warum? Vielleicht nehmen deine Eltern deine Meinung nicht ernst oder ein Mädchen, das du gut findest, macht sich über dich lustig. Doch es gibt auch so etwas wie einen allgemeinen **„Weltschmerz"**. Den fühlst du, wenn du darüber nachdenkst, dass jeder Mensch irgendwann sterben muss oder dass es viel Leid und Ungerechtigkeit auf der Welt gibt. Diese Gedanken gehören zum Erwachsenwerden dazu. Es hilft, mit Freunden oder der Familie darüber zu **sprechen**.

SO VERäNDERT SICH DEIN KöRPER

Pieps. Es ist schon unglaublich, was in der Pubertät mit dem Körper passiert. Aus einem kleinen Jungen mit hoher Stimme wird innerhalb weniger Jahre ein Mann mit Bartwuchs, tiefer Stimme, breiten Schultern, starken Muskeln, Schamhaaren und einem größeren Penis. Auf dem Höhepunkt des Wachstums, bei den meisten Jungen so ungefähr mit 13 bis 15 Jahren, scheinen die Arme und Beine manchmal über Nacht aus Pullis und Hosen herauszuwachsen. Etwa 8 bis 12 Zentimeter Körperlänge kannst du dann spielend in einem Jahr zulegen! Der **Hormonschub** bringt aber auch ein paar Veränderungen mit sich, die deinen täglichen Einsatz für die Körperpflege von 0 auf 100 steigern: fettige Haare, Schweißgeruch, Mitesser und Pickel …

Viele Jungen fühlen sich in der Pubertät erst einmal **unwohl** in ihrem veränderten Körper. Sie finden es **peinlich**, dass jeder die äußere Verwandlung sehen kann. Wer als Erster in der Klasse in den Stimmbruch kommt, kann sich schon mal auf blöde Witze einstellen. Auf die Kommentare von Erwachsenen zum Thema Bartwuchs, Pickel oder Schweißfüße könnten die meisten Jungen auch gut verzichten.

Und dann das ständige Vergleichen: Wer in der Klasse ist am größten – und wer hat den Größten? Wieso hat mein Freund schon Schamhaare und ich nicht? Kriegen die anderen in der Klasse jetzt auch dauernd einen steifen Penis oder ist das nur bei mir so? Du kannst ganz beruhigt sein: Das meiste, was dir komisch vorkommt, ist **völlig normal**.

Bin ich schon in der Pubertät?

Ungefähr mit 8 oder 9 Jahren gibt es schon **Geheimbotschaften** von deinem Gehirn an die Hoden. Besondere Hormone aus der Hirnanhangdrüse „wecken" die Hoden und bereiten sie darauf vor, das männliche Geschlechtshormon Testosteron zu bilden. Ungefähr 2 Jahre nach dem Startschuss aus dem Gehirn merkst du selber die allerersten Veränderungen: Deine Hoden werden größer und vereinzelte Haare wachsen um den Penis. Jetzt bist du ganz klar in der Pubertät.

Der war doch gestern nicht da!

Bin ich zu früh oder zu spät dran?

Es ist kein schönes Gefühl, wenn man mit 13 oder 14 noch ganz kindlich aussieht und einen Kopf kleiner ist als alle anderen. Umgekehrt ist es auch nicht toll, wenn man mit 12 schon im Stimmbruch ist und das Gesicht voller Pickel hat, während alle anderen noch helle Stimmen und eine makellose Haut haben. **Früh- oder Spätentwickler** fallen immer besonders auf und haben es oft **nicht leicht**. Aber: Menschen sind verschieden, deshalb ist auch der Start in die Pubertät bei jedem anders. Nach ein paar Jahren, etwa mit 18 Jahren, gleichen sich die Unterschiede dann wieder aus.

Was passiert wann?

Die Tabelle zeigt dir, **in welchem Alter** die verschiedenen körperlichen Veränderungen anfangen können. Wenn es bei dir deutlich früher oder später losgeht, kannst du sicherheitshalber deinen Kinderarzt fragen, ob alles in Ordnung ist.

	11	12	13	14	15	16	17	18
Hoden beginnen zu wachsen	×	×	×	×	×			
Erste Schamhaare	×	×	×	×	×			
Penis beginnt zu wachsen		×	×	×	×			
Wachstumsschub		×	×	×	×	×	×	
Stimmbruch		×	×	×	×	×	×	×
Erste Achselhaare und erste Barthaare				×	×	×	×	×

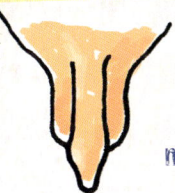

mit 10 Jahren

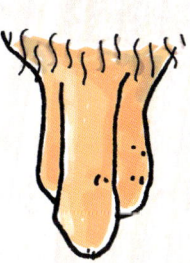

mit 16 Jahren

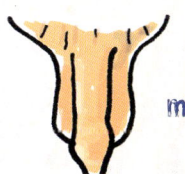

mit 12 Jahren

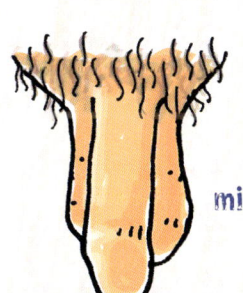

mit 18 Jahren

mit 14 Jahren

Wieso sind Jungs plötzlich kleiner als Mädchen?

Mädchen sind einfach ungefähr 2 Jahre früher dran mit der Pubertät. Die weiblichen Hormone (Östrogene) sorgen bei ihnen für einen kräftigen Wachstumsschub, meistens so mit 10 oder 11 Jahren. Dann wachsen die Mädchen den Jungs **vorübergehend** über den Kopf. Dafür hören sie aber auch früher wieder auf zu wachsen (die meisten sind mit 15 schon ausgewachsen). Wenn dann die Jungen ungefähr ab 12 oder 13 beim Wachstum zulegen, ziehen sie oft an den Mädchen vorbei. Jungen sind häufig erst mit 18 Jahren ausgewachsen.

Bleibe ich so klein?

Für Jungen in der Pubertät ist es schwer, wenn sie ein „Spätzünder" sind und ihnen gleichaltrige Jungs über den Kopf wachsen. Der Wachstumsschub setzt bei dem einen früher, bei dem anderen später ein. Das sagt aber überhaupt nichts darüber aus, wie groß du mit 18 oder 20 sein wirst. Wer früh anfängt zu wachsen, hört auch früher wieder auf. Gut möglich, dass du deine größeren Klassenkameraden **bald einholst** – und sogar überholst. Wie groß du schließlich wirst, hängt von deinen Genen ab. Wenn in deiner Familie die meisten eher klein sind, wirst du wahrscheinlich kein Riese werden. Obwohl es auch hier Ausnahmen gibt!

Warte bis ich 18 bin

Können Jungs einen Busen bekommen?

Manche Jungen haben in der Pubertät **vorübergehend Schwellungen** unter den Brustwarzen, die wie ein kleiner Busen aussehen können. Das ist nicht gefährlich und geht normalerweise vorbei, sobald sich im Körper das Gleichgewicht von männlichen und weiblichen Hormonen richtig eingependelt hat (Jungen bilden in geringer Menge auch weibliche Hormone und Mädchen umgekehrt männliche Hormone). Wenn es dich belastet, sprich mit deinem Kinderarzt darüber.

Warum kiekst meine Stimme so?

Bei Jungen wächst in der Pubertät der Kehlkopf. Deshalb steht bei Männern der **„Adamsapfel"** auch stärker vor als bei Frauen. Die Stimmbänder, die im Kehlkopf liegen, werden länger und dicker. Dadurch wird die Stimme tiefer (eine dicke Gitarrensaite klingt auch tiefer als eine dünne!). Bis deine Stimme sich an die **neue Kehlkopfgröße** gewöhnt hat, musst du noch ein bisschen üben. Manchmal verschätzt du dich noch mit der Tonlage. Deshalb „kiekst" die Stimme im Stimmbruch ab und zu.

Ist mein Penis lang genug?

Viele Jungen messen ihre Männlichkeit an der Größe ihres Penis. Damit du eine einigermaßen realistische Vorstellung bekommst, hier ein paar **„Standardmaße"**: Bei Erwachsenen ist ein schlaffer Penis ungefähr 7 bis 10 Zentimeter lang. Die Länge eines erigierten, also steifen Penis beträgt etwa 11 bis 17 Zentimeter (auf der Oberseite gemessen). In Pornofilmen und auf Pornobildern sieht man fast nur Darsteller mit einem besonders großen Penis – das sind aber Ausnahmen! Übrigens: Mädchen finden die Penisgröße nicht besonders wichtig, und schöner Sex funktioniert mit einem kleineren Penis genauso gut wie mit einem größeren.

Was ist Smegma?

Die Vorhaut hat an ihrer Innenseite kleine Drüsen, die einen „Schmierfilm" bilden, der die Eichel weich und feucht hält und die Vorhaut bei einer Erektion leicht zurückgleiten lässt. In der Falte zwischen Vorhaut und Penis kann sich **weißliche Schmiere** (Smegma) ansammeln. Wenn man die Eichel nicht täglich wäscht, können diese Sekretansammlungen unangenehm riechen und vielleicht auch zu Entzündungen führen.

Wie wird der Penis hart?

Im Penis sind sogenannte **Schwellkörper**. Sie sind eine Art Schwamm, der sich mit Blut füllt, wenn du sexuell erregt bist. Je mehr Blut in die Schwellkörper strömt, umso mehr Druck entsteht im Penis. Schließlich wird der Druck so hoch, dass die Venen, über die das Blut normalerweise aus dem Penis abfließt, zugedrückt werden. Das viele Blut im Penis lässt ihn größer und härter werden. Nur ein steifer (erigierter) Penis kann in die Scheide einer Frau eingeführt werden. Nach dem Samenerguss normalisiert sich der Blutfluss im Penis wieder und er wird wieder schlaff.

Muss ein steifer Penis gerade sein?

Nein! Bei den wenigsten Jungen und Männern steht der Penis ganz gerade, wenn er steif ist. Viele sehen eher gebogen aus wie eine **Banane**. Das ist völlig normal und stört auch nicht, wenn man mit einem Mädchen schlafen will.

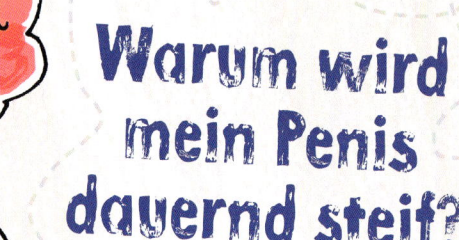

Warum wird mein Penis dauernd steif?

Im Bus, an der Tafel, im Schwimmbad – plötzliche Erektionen ohne erkennbaren Grund können ganz schön nerven. Zwar kennst du das wahrscheinlich schon von früher (bereits Babys bekommen ab und zu einen steifen Penis), aber in der Pubertät werden die Erektionen stärker und häufiger. Betrachte es als eine Art **„Training für den Ernstfall"** und als ein Zeichen, dass alles bei dir okay ist. Denn wenn du später Sex hast, ist eine kräftige Erektion ganz wichtig.

Was sind „feuchte Träume"?

Dein Penis wird jetzt nicht nur tagsüber immer mal wieder steif, sondern auch nachts. Meistens merkst du es gar nicht, weil du tief schläfst. Die Erektionen in der Nacht können mit einer starken sexuellen Erregung verbunden sein, die sich schließlich in einem **Samenerguss** (Ejakulation) entlädt. Häufig kommen sexuelle Träume dazu, an die du dich aber nicht unbedingt erinnern kannst. Manche Jungen wachen auf, wenn ihre Schlafanzughose oder ihr Bauch bei der Ejakulation nass wird vom Sperma. Andere merken erst morgens, dass sie einen „feuchten Traum" hatten.

Innen und außen: deine Geschlechtsorgane

Die äußeren Geschlechtsorgane (Genitalien) wie Penis und Hodensack siehst du jeden Tag, aber es gibt auch noch Geschlechtsorgane im Inneren des Beckens. Der **Penis** dient im schlaffen Zustand zum Wasserlassen, bei sexueller Erregung richtet er sich auf und wird steif (Erektion). Die **Vorhaut** bedeckt die empfindliche Spitze des Penis (Eichel). Im **Hodensack** (Skrotum) liegen die beiden Hoden. In den **Hoden** werden Samenzellen (Spermien) und das männliche Geschlechtshormon Testosteron gebildet. Die Samenzellen werden in den **Nebenhoden** gelagert und bei einem Samenerguss (Ejakulation) von dort durch die Samenleiter in den Penis befördert. Wenn eine männliche Samenzelle eine weibliche Eizelle befruchtet, entsteht ein Baby.

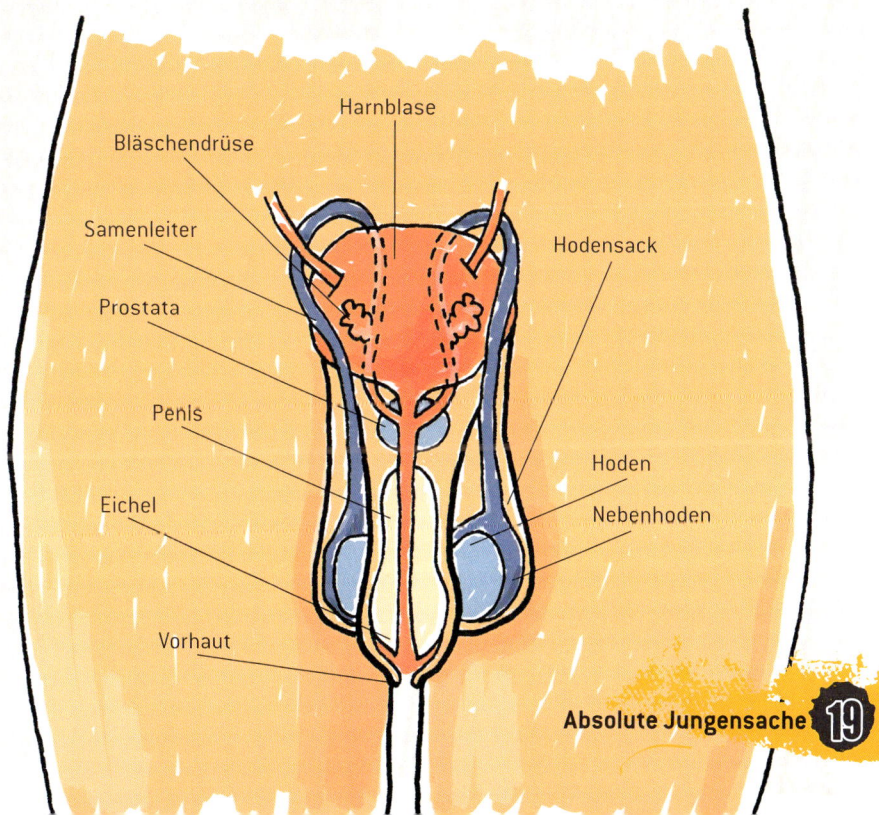

Was bedeutet Beschneidung?

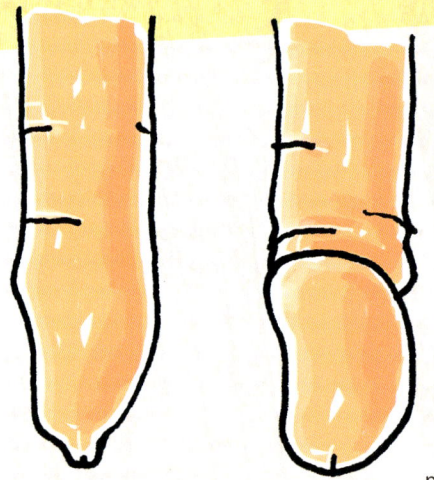

Die Entfernung der Vorhaut nennt man Beschneidung. Im Islam und im Judentum gehört die Beschneidung zu den **religiösen Ritualen**. Befürworter des Eingriffs führen auch hygienische Gründe an, weil sich ohne Vorhaut kein Smegma (Sekret der Vorhautdrüsen) ansammeln kann. Manchmal ist die Vorhaut auch zu eng, das nennt man Phimose: Der Penis wird vorne abgeschnürt und das Wasserlassen behindert. Dann muss die Vorhaut teilweise oder ganz entfernt werden.

Haben nur alte Männer eine Prostata?

Nein, **jeder Junge** hat von Geburt an eine besondere Drüse unter der Blase: die Prostata. Sie wird aber erst in der Pubertät wichtig, da sie einen Teil der Samenflüssigkeit bildet. Bei älteren Männern vergrößert sich die Prostata. Weil die Harnröhre mitten hindurchläuft, wird es dann manchmal schwierig mit dem Pinkeln, denn die vergrößerte Drüse engt die Harnröhre ein.

Wozu braucht man Hoden?

Die Hoden sind die wichtigsten Geschlechtsorgane, denn ohne Hoden könntest du kein männliches Geschlechtshormon (Testosteron) bilden. **Testosteron** ist der Auslöser für alle körperlichen und seelischen Veränderungen in der Pubertät. Die zweite wichtige Aufgabe der Hoden ist, **Samenzellen** (Spermien) zu bilden. Bis ins hohe Alter werden ständig neue Samenzellen erzeugt, allerdings lässt die Spermienzahl mit der Zeit nach. Übrigens: Wer kastriert ist, also keine Hoden mehr hat, kann keine Kinder zeugen. Mit nur einem Hoden kann man aber weiterhin problemlos Vater werden.

Warum hängt ein Hoden tiefer?

Das ist bei allen Männern so, meistens hängt der linke Hoden tiefer. Das hat ganz **praktische Gründe**: Wären die Hoden auf gleicher Höhe, würden sie ständig aneinanderreiben. Dass die Hoden überhaupt außerhalb der Bauchhöhle relativ ungeschützt im Hodensack liegen, hat übrigens auch einen Grund: Die Samenzellen mögen es nicht zu warm. Außerhalb des Körpers haben sie immer die optimale „Betriebstemperatur" für die Samenbildung.

Ist ein Tritt in die Hoden gefährlich?

Die Hoden sind extrem empfindlich. Ein Tritt (oder ein Schlag mit einem Ball) tut zwar sehr weh, hinterlässt aber **meistens keine** bleibenden **Schäden**. Es sei denn, es war wirklich starke Gewalt im Spiel. Dann kann es im Inneren der Hoden bluten oder es kann eine Entzündung entstehen. Wenn du nach einer Verletzung eine Schwellung bemerkst und der Schmerz nicht nach kurzer Zeit von selbst nachlässt, solltest du unbedingt zum Arzt gehen.

Was passiert beim Samenerguss?

Einen Samenerguss nennt man auch Ejakulation oder „Kommen". Wenn der Penis, besonders die Eichel, eine Weile gerieben wurde (beim Sex oder beim Onanieren), baut sich eine sexuelle Erregung auf, die sich bei der Ejakulation **lustvoll** entlädt. Das schöne Gefühl dabei nennt man Orgasmus. Beim Erguss werden Spermien und Samenflüssigkeit durch das Zusammenziehen der Nebenhoden, Samenleiter und Prostata und durch Zuckungen im Penis mit hoher Geschwindigkeit durch die Harnröhre nach außen gespritzt.

Woraus besteht Sperma?

Sperma besteht aus **Spermien** und Flüssigkeit aus den Samenbläschen und der Prostata. In der **Flüssigkeit** schwimmen die Spermien, gleichzeitig bekommen sie **Energie**, weil die Samenflüssigkeit Zucker als „Treibstoff" enthält. Denn nach dem Samenerguss bewegen sich die Spermien aktiv durch die Gebärmutter und den Eileiter zur Eizelle hin. Dank des Zuckers in der Samenflüssigkeit können die Spermien außerdem im Körper der Frau einige Tage überleben und auf ein Ei warten. Bei einem Erguss spritzt ungefähr ein halber bis ein Teelöffel voll Sperma aus dem Penis, darin schwimmen bis zu mehrere hundert Millionen Spermien.

Warum braucht man so viele Spermien?

Unglaublich, aber wahr: Die Hoden produzieren jeden Tag 50 bis 100 Millionen Spermien! Die Natur schöpft gerne aus dem Vollen. Denn nicht alle Spermien sind perfekt. Je **mehr Auswahl** da ist, umso größer ist die Chance, dass ein besonders starkes und gut gelungenes Spermium das Rennen zur Eizelle macht. Ein echter Siegertyp eben – und du bist das Ergebnis von so einer gelungenen Befruchtung!

DAS TUT DIR UND DEINEM KÖRPER GUT

Jeder möchte sich gerne in seiner Haut wohlfühlen. Doch in der Pubertät musst du erst mal ein Gefühl für deinen veränderten Körper entwickeln. Vielleicht bist du unsicher, was dir jetzt körperlich guttut, wie du dich pflegen sollst und welcher Kleidungsstil zu dir passt. Das **Aussehen** ist für die meisten Jungen (und auch für die Mädchen) in der Pubertät ein großes Thema und entscheidend für das **Selbstbewusstsein**. Die gute Nachricht: Auch wenn du von Natur aus nicht der Selbstbewussteste bist, kannst du aktiv etwas tun, damit du zufriedener mit dir wirst und auch bei anderen gut ankommst. Eine positive und gepflegte **Ausstrahlung** ist wichtiger als ein paar Pickel auf der Nase, ein fitter und gesunder Körper wichtiger als ein paar Zentimeter mehr oder weniger an Körperlänge.

Doch es geht nicht nur ums Aussehen. Es geht auch um ein **gutes Lebensgefühl**, und das hat in der Pubertät sehr viel mit Selbstbestimmung zu tun. Du möchtest von anderen Jugendlichen oder von Erwachsenen respektiert werden. Du wünschst dir, dass sie auf deine Intimsphäre Rücksicht nehmen und deine Grenzen beachten. Dazu gehört auch, dass du dich zum Beispiel gegen Mobbing und Aggressionen angemessen zur Wehr setzen kannst, damit du kein Opfer wirst. In diesem Kapitel gibt es deshalb Wohlfühltipps für Körper *und* Seele.

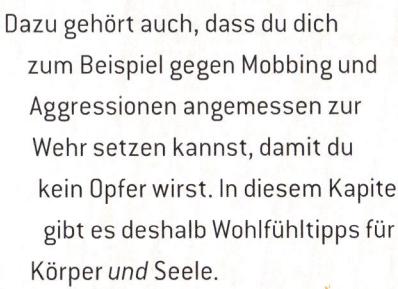

Muss ich täglich duschen?

Wenn du **viel schwitzt**, ist es **gut**, wenn du täglich duschst. Du musst aber nicht den ganzen Körper einschäumen, das trocknet die Haut zu stark aus. Es reicht, wenn du Gesicht, Intimbereich, Achseln und Füße mit Seife oder Duschgel wäschst. Der übrige Körper braucht nur alle paar Tage das volle Programm. Wenn du nicht viel schwitzt, reicht auch eine Dusche alle 2 oder 3 Tage, in der übrigen Zeit kannst du dich mit einem Waschlappen waschen.

Wie wasche ich mich „untenrum" richtig?

Den Intimbereich solltest du immer sauber halten. Penis, Hodensack und die behaarte Haut wäschst du am besten mit einem milden Duschgel. Zieh die **Vorhaut zurück** und reinige die Eichel ganz vorsichtig. Dabei auch das weißliche Smegma in der Falte der Vorhaut entfernen. Tupf die Eichel vorsichtig trocken, bevor du die Vorhaut wieder darüberziehst. Wichtig ist es auch, den **After** zu **reinigen**. Das kannst du mit einem Waschlappen machen oder unter der Dusche mit den Fingern. Zum Schluss duschst du dich am besten von unten ab.

Was hilft gegen Schuppen und fettige Haare?

In der Pubertät bilden die Talgdrüsen in der Haut und Kopfhaut mehr Fett. Dagegen kann man wenig machen. Es gibt zwar Shampoos gegen fettige Haare, aber manchmal trocknen sie die Kopfhaut und die Haare zu stark aus. Am besten wäschst du die Haare mit einem milden Shampoo – so oft, wie du es für nötig hältst. Wenn deine Haare stark fetten, kannst du sie ruhig jeden Tag waschen. Gegen Schuppen solltest du auf jeden Fall ein **Spezialshampoo** verwenden. Wenn das nach ungefähr 2 Wochen nichts genutzt hat, lass dich in der Apotheke oder vom Hautarzt beraten.

Oh, schon wieder Schnee!

Was ist ein „Sportlerfuß"?

Klingt ziemlich sportlich, ist aber unangenehm: gemeint ist **Fußpilz**. Verdächtig sind gerötete Stellen zwischen den Zehen oder unter den Füßen, die jucken und schuppen. Es gibt in der Apotheke preiswerte rezeptfreie Cremes dagegen. Wenn die Hautveränderungen damit nicht nach ein paar Tagen weg sind, solltest du zum Hautarzt gehen. Achte darauf, dass du nach dem Schwimmen oder Duschen die Füße immer gründlich **abtrocknest** (jeden Tag ein frisches Handtuch nehmen). Wechsle täglich deine Socken und Schuhe und zieh zu Hause die Schuhe aus, damit Luft an die Füße kommt.

Was kann ich gegen Mundgeruch tun?

Wer gepflegte, gesunde Zähne hat, bekommt normalerweise keinen Mundgeruch. Du solltest dir 2-mal am Tag die **Zähne putzen**. Und außerdem jeden Tag **Zahnseide** benutzen, damit kannst du Speisereste aus den Zahnzwischenräumen entfernen. Wenn du trotz guter Zahnpflege aus dem Mund riechst, solltest du erst einmal deinen besten Freund oder deine Familie fragen, ob sie das auch finden. Denn manche Jungen glauben vor lauter Unsicherheit, dass ihr Atem nicht gut riecht. Wer wirklich Mundgeruch hat, sollte zum Zahnarzt gehen.

Was kann ich gegen Pickel tun?

Am besten benutzt du jeden Tag **Reinigungsprodukte** für unreine Haut. Falls deine Haut dadurch sehr austrocknet, ist es sinnvoll, auch eine Gesichtscreme für jugendliche Problemhaut zu benutzen. Dann schuppt und spannt die Haut weniger. Mitesser kannst du mit sauberen (!) Fingern ausdrücken. Wer zu stark quetscht, bekommt jedoch erst recht Pickel („Akne"). An entzündeten Eiterpickeln darfst du nicht herumdrücken. Du kannst einen **Eiterpickel** mit einer sauberen Nadel vorsichtig **aufstechen** und danach mit einem Wattepad abtupfen, das mit alkoholhaltigem Gesichtswasser getränkt ist. Wenn du die Pickel nicht selber in den Griff bekommst, kann dir ein Hautarzt weiterhelfen.

Welches Deo ist gut?

Für die Achseln gibt es Deodorants (Deos) und sogenannte Antiperspirantien (Schweißblocker). Deos verhindern, dass der Schweiß unangenehm riecht. Es gibt sie mit und ohne Parfümierung. Die meisten Jungen entwickeln in der Pubertät einen sehr starken **Schweißgeruch**, möglicherweise fühlst du dich dann mit einem parfümierten Deo sicherer. Antiperspirantien hemmen mit chemischen Substanzen die Schweißbildung. Sie können die Haut reizen, deshalb solltest du sie nur ausprobieren, wenn du extrem stark schwitzt. Für den Intimbereich brauchst du kein Deo, tägliches Waschen genügt.

Ab wann muss ich mich rasieren?

Viele Jungen rasieren sich mit 15 oder 16 Jahren das erste Mal. **Elektrorasierer** funktionieren ganz einfach, man braucht auch keinen Rasierschaum. **Nassrasierer** erfordern ein bisschen mehr Technik. Wichtig ist, dass du die Klingen ab und zu wechselst, sie werden schnell stumpf und reizen dann die Haut. Während der Rasur musst du die Klingen zwischendurch mit Wasser abspülen. Manche Jungen rasieren sich auch die Achseln oder die Schamhaare. Das ist Geschmackssache. Die Haut im Intimbereich reagiert allerdings oft empfindlich, es können sich dort Pickel oder Entzündungen bilden.

Ist Kosmetik nur etwas für Mädchen?

Mädchen probieren gerne Cremes aus und schminken sich. Die meisten Jungen interessieren sich nicht so sehr dafür. Allerdings leiden auch Jungen darunter, wenn sie schwarze Mitesser, fettige Haare oder Pickel bekommen.

Es ist **nicht unmännlich**, Haut und Haare zu pflegen oder mit einer schlimmen Akne zur Kosmetikerin zu gehen. Wenn du gut riechst, frisch gewaschene Haare hast und deine Pickel einigermaßen unter Kontrolle hältst, wirkst du einfach attraktiver.

Guckt woanders hin!

Ist Nacktsein peinlich?

Bis vor Kurzem hat es dir wahrscheinlich nichts ausgemacht, wenn deine Eltern dich im Bad nackt gesehen haben oder wenn du mit den anderen Jungs in der Sportumkleide geduscht hast. In der Pubertät kann dir das auf einmal unangenehm sein. Die ersten Schamhaare, der größer und dunkler werdende Penis: Hast du manchmal das Gefühl, dass dir alle zwischen die Beine starren? Dein **Schamgefühl** ist völlig **okay** – und es ist genauso in Ordnung, wenn es dir nichts ausmacht, dass andere dich nackt sehen. Wenn dir danach ist, schließ das Badezimmer ab. Und wenn du dich nach dem Sport in der Gemeinschaftsdusche nicht zeigen möchtest, kannst du auch zu Hause duschen.

Welches Essen ist gesund?

Die meisten Jungen in der Pubertät können Unmengen essen. Kein Wunder. Das Wachstum und die körperliche Entwicklung brauchen sehr **viel Energie**. Wenn du nicht zu dick bist, kannst du also ruhig richtig reinhauen beim Essen. Auf ein paar Dinge solltest du aber achten: Für das Wachstum der Knochen braucht der Körper besonders viel **Kalzium**. Das ist vor allem in Milch, Joghurt, Dickmilch, Milchshakes und Käse enthalten.

Außerdem läuft dein Stoffwechsel durch die hormonelle Umstellung in der Pubertät auf Hochtouren. Dazu braucht der Körper unter anderem Schilddrüsenhormone. **Jod** ist wichtig, damit diese Hormone gebildet werden können. Frag deshalb mal nach, ob bei euch zu Hause jodiertes Salz verwendet wird.

Wenn du ein paar Kilo zu viel auf den Rippen hast, solltest du deine Ess- *und* Trinkgewohnheiten unter die Lupe nehmen. In Cola, Limo, Obstsäften und gesüßtem Eistee stecken jede Menge Kalorien! Wenn du 1 oder 2 Liter solcher süßen Getränke am Tag verbrauchst, ist die Energiezufuhr unter dem Strich wahrscheinlich zu hoch.

HUNGER!

Wichtig ist auch, nicht pausenlos Snacks zu essen, denn dann bekommt der Stoffwechsel nie eine Pause. Die Folge: Übergewicht und Zuckerkrankheit (Diabetes) schon bei Kindern und Jugendlichen! Wenn du **naschen** willst, tust du das am besten direkt nach einer Mahlzeit und nicht zwischendurch.

Was ist so schlimm an Zigaretten und Alkohol?

Alkohol und das Nikotin in Zigaretten machen süchtig. Das heißt, dass du nach einiger Zeit **nicht mehr frei** entscheiden kannst, ob du rauchen oder trinken möchtest, sondern es tun musst. Das Rauchen schädigt nicht nur Blutgefäße im Herzen, im Gehirn und in den Beinen, sondern auch im Penis. Neben Herzinfarkt, Schlaganfall oder Durchblutungsstörungen in den Beinen drohen Rauchern nach einiger Zeit also auch Erektionsstörungen. Und gelbe Verfärbungen an Zähnen und Fingern sowie ein Mund, der wie ein Aschenbecher riecht, sind auch **nicht gerade sexy**.

Alkohol ist ein Zellgift: Zellen in verschiedenen Organen werden dadurch direkt geschädigt. Besonders empfindlich sind die Leber und die Nervenzellen im Gehirn. Bei jedem Alkoholrausch gehen Hirnzellen kaputt! Jugendliche sind besonders gefährdet, denn das Gehirn reift noch bis zum 20. Lebensjahr. Auf Dauer leiden Gedächtnis und Konzentrationsfähigkeit darunter. Alkohol ist aber auch **problematisch** beim Thema **Sex**. Er baut Hemmungen ab und macht leichtsinnig. Dann kann es passieren, dass du mit der Erstbesten im Bett landest und Kondome und Verhütung glatt vergisst. Unter www.null-alkohol-voll-power.de findest du mehr Informationen.

Darf ich mein Zimmer abschließen?

Nervt es dich, dass deine Eltern oder Geschwister einfach so in dein Zimmer gehen? Vielleicht sollen sie ja nicht sehen, was alles so neben deinem Bett liegt – zum Beispiel eine Unterhose mit Spermaflecken oder eine Nachricht von einem Mädchen. Du möchtest auch **ungestört** telefonieren oder mit deinen Freunden reden. Je mehr dir deine Eltern vertrauen können, desto eher werden sie dir deinen eigenen Bereich lassen. In deinem Zimmer solltest du dich lieber nicht einschließen – es könnte ja auch mal brennen. Vereinbare mit deiner Familie, dass sie immer anklopfen und auf ein „Komm rein!" von deiner Seite warten.

Wie viel Schlaf brauche ich?

In der Pubertät gehen viele Jungen erst spät ins Bett: lesen, skypen, Onlinespiele, noch schnell das Facebook-Profil auf den neuesten Stand bringen – und schon ist es wieder total spät! Vielleicht ist dir nicht klar, dass Jugendliche ungefähr 9 Stunden Schlaf pro Nacht brauchen. Kein Wunder, dass du morgens so schwer aus dem Bett kommst, oder? Versuch doch, wenigstens ein paar Mal pro Woche **lange** genug zu **schlafen**. Dann fühlst du dich nicht nur **fitter**; es ist auch erwiesen, dass ausgeschlafene Schüler bessere Noten schreiben.

Wie wichtig sind die richtigen Klamotten?

In der Pubertät möchte niemand gerne ein Außenseiter sein. Oft entscheiden zunächst einmal die Klamotten darüber, ob man dazugehört oder nicht. Das ist nicht toll, aber schwer zu ändern. Du musst aber keine teuren Markensachen tragen. Auch mit Billigmarken lässt sich der gerade **angesagte Style** verwirklichen.

Wie kriege ich mehr Muskeln?

Zunächst mal: Das Testosteron, das dein Körper in der Pubertät massenhaft bildet, sorgt dafür, dass du mehr und stärkere Muskeln bekommst und dass deine Schultern von ganz alleine breiter werden. Wenn du zusätzlich etwas für deinen Muskelaufbau tun möchtest, such dir einen **Sport** aus, der dir **Spaß** macht! Es ist egal, ob es Tischtennis, Karate, Fußball oder Schwimmen ist. Trainieren im Sportverein kostet nicht viel, du lernst Gleichaltrige kennen und kannst deine Kräfte mit ihnen messen. Und Vorsicht: Gewichte stemmen ist nicht unbedingt das Richtige, während du noch wächst. Eine falsche Technik und zu schwere Gewichte können deinen Körper überlasten.

Was hilft gegen Mobbing?

Mobbing ist alles, womit man andere grundlos fertigmachen will: hänseln, lächerlich machen, demütigen, drohen, erpressen, abzocken ... Selbst der tollste Junge kann zum Mobbingopfer werden!

Wenn du ganz real, in der Schule oder am Ausbildungsplatz, gemobbt wirst, weißt du wenigstens, wer dahintersteckt. Anders ist es beim Cybermobbing per SMS, E-Mail oder in Online-Communitys. Hier können sich die feigen Täter hinter einem Nickname verstecken und unerkannt bleiben. Wenn du ein Opfer von Cybermobbing bist, kannst du dich aber **wehren**. Das Wichtigste ist, dass du nicht versuchst, alleine damit fertigzuwerden. Statt stumm zu leiden, solltest du einen Erwachsenen einweihen, dem du vertraust. Es muss dir nicht peinlich sein, denn du hast keine Schuld. Sprich mit deinen Eltern, dem Klassen- oder Vertrauenslehrer (denn oft steckt jemand aus der Schule hinter den fiesen Angriffen) und mit deinen Freunden. Du kannst Cybermobbing bei der Polizei anzeigen. Dafür brauchst du Beweise: Speichere beleidigende Kommentare und Bilder auf deinem Computer oder Handy und drucke sie aus. Die Täter können dann über ihren Internet- oder Telefonanbieter gefunden werden. Viele **Tipps** findest du unter: www.mobbing-schluss-damit.de.

Ich hab' nix mit Frau Direktor Maier!

ab rab rab rab hihi rab hi
rab rab hihihi rab rab rab hihi
ab rab rab hi hi hi hihi
hihihi
Kein Wort
Ich versteh
kein Wort.

RäTSELHAFTE MäDCHEN

In der Grundschule hast du dich vielleicht nicht besonders für die Unterschiede zwischen Mädchen und Jungen interessiert. Einige Mädchen waren ganz okay, andere richtig nett, aber meistens hast du vermutlich mit Jungs gespielt. Irgendwann hast du dann bemerkt, dass die Mädchen einen Busen bekommen und sich verändern. Sie scheinen irgendwelche Geheimnisse zu haben, kichern zusammen mit ihren Freundinnen, schwärmen für Popstars, fangen an, sich zu schminken – und sie **reden, reden, reden**. Für viele Jungen ist es ein Rätsel, wie Mädchen ticken. Finden sie Jungs überhaupt interessant oder lachen sie sie heimlich aus? Worüber reden sie die ganze Zeit?

Und dann die körperliche Verwandlung! Diese langen Wimpern, diese duftenden Haare, der Busen, der sexy Po, die vollen Lippen – **total interessant**. Wie mag sich so ein weiblicher Körper wohl anfühlen? Wie sieht ein nacktes Mädchen aus?

Ab der Pubertät fühlen sich die meisten Jungen sexuell zu Mädchen hingezogen (manche auch zu Jungs). Gleichzeitig haben sie Angst, von den Mädchen abgewiesen zu werden. Vor lauter **Unsicherheit** fällt den Jungen dann manchmal nichts Besseres ein, als Mädchen zu nerven oder zu ärgern. Mit der Zeit wirst du aber lernen, auf Mädchen zuzugehen und ihnen auch **deine Gefühle** zu zeigen.

Wie sieht ein Mädchen zwischen den Beinen aus?

Anders als bei Jungen liegen bei Mädchen sogar die **äußeren Geschlechtsorgane** versteckt. Das Bild zeigt, was sich bei Mädchen zwischen den Beinen verbirgt. Die großen und kleinen Schamlippen schützen die Öffnung der Harnröhre und den Scheideneingang. Ganz hinten liegt wie bei Jungen der After. Vorne zwischen den kleinen Schamlippen liegt der Kitzler (Klitoris), ein kleiner Knubbel mit vielen Nerven darin. Wenn er gerieben oder gedrückt wird, fühlt sich das für Mädchen lustvoll und erregend an.

Harnröhrenöffnung

Kitzler

Große Schamlippen

Kleine Schamlippen

Scheideneingang mit Jungfernhäutchen

After

Wieso bekommen Mädchen ihre Tage?

Jeden Monat baut sich in der Gebärmutter eine Schleimhaut auf, die im Falle einer Schwangerschaft zum **„Nest" für das** entstehende **Baby** wird. Wird das Nest nicht gebraucht, weil keine Eizelle befruchtet wurde, verflüssigt sich die obere Schicht der Schleimhaut und fließt als Blutung durch die Scheide ab. Das ist die Menstruation (Periode, Regelblutung, „die Tage"). Kurz danach wächst wieder eine neue Schleimhaut heran. Man nennt diesen ständigen Auf- und Abbau der Schleimhaut den **Zyklus**.

Die inneren weiblichen Geschlechtsorgane

Mädchen haben eine Scheide, eine Gebärmutter, zwei Eileiter und zwei Eierstöcke, damit sie **später Babys** bekommen können. Sie liegen **geschützt** im Becken.

Beim Sex ergießt sich die Samenflüssigkeit (Sperma) des Mannes in die **Scheide** (Vagina). Von dort schwimmen Samenzellen in die Gebärmutter und weiter in die Eileiter, wo sie eine Eizelle der Frau befruchten können. Der **Muttermund** hält bei einer Schwangerschaft die Gebärmutter geschlossen. Bei der Geburt öffnet er sich durch die Wehen. In der **Gebärmutter** (Uterus) kann über 9 Monate ein Baby heranwachsen. Bei der Geburt ziehen sich die Muskeln in der Gebärmutter zusammen (Wehen) und schieben das Baby durch die Scheide nach draußen.

Die **Eileiter** sind die Verbindung zwischen Gebärmutter und Eierstöcken (Ovarien). Das offene Ende des Eileiters fängt nach dem Eisprung die Eizelle aus dem **Eierstock** auf. In den Eierstöcken reift jeden Monat eine Eizelle heran, die befruchtet werden kann.

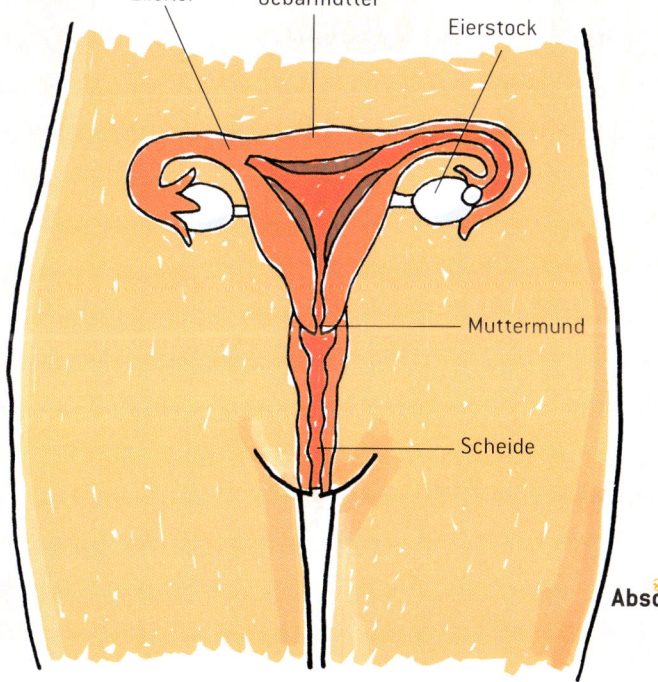

Eileiter Gebärmutter

Eierstock

Muttermund

Scheide

Sind Mädchen vor der Regel ungenießbar?

Mädchen haben einen Zyklus. Das bedeutet, dass innerhalb von 4 Wochen die Gebärmutterschleimhaut aufgebaut und wieder abgestoßen wird. Dafür werden zu Beginn des Zyklus andere Hormone gebildet als am Ende. Diese **Hormonschwankungen** haben Einfluss auf die **Stimmung** vieler Mädchen – einige fühlen sich kurz vor der Regel nicht wohl, sie haben Kopfschmerzen oder sind schlecht gelaunt. Man nennt das PMS (Prämenstruelles Syndrom). Sobald die Regel einsetzt, ist es wie weggeblasen.

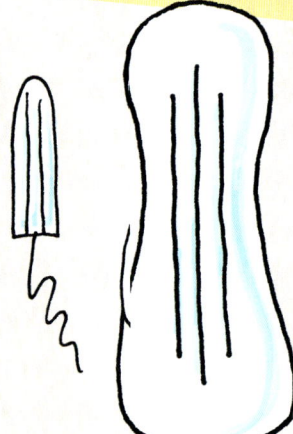

Wie funktionieren Binden und Tampons?

Mädchen brauchen während ihrer Tage Binden oder Tampons, damit kein Blut in die Hose läuft. Eine Binde wird in den Slip geklebt, damit sie nicht verrutscht. Ein **Tampon** wird **direkt in die Scheide** eingeführt und saugt dort das Blut auf. Das Mädchen spürt den Tampon nicht, wenn er tief genug eingeführt ist, und kann jeden Sport machen – sogar schwimmen. Auch ein Mädchen, das noch Jungfrau ist, kann Tampons benutzen.

Und was ist daran unklar?

Ist der Busen empfindlich?

Der Busen von Mädchen ist **sehr empfindsam**. Besonders vor der Regel kann er spannen und bei Berührung wehtun. Wenn du mit Mädchen körperlichen Kontakt hast, zum Beispiel bei einem Spaßgerangel, musst du aufpassen, dass du ihren Busen nicht zu stark drückst. Du darfst ihn auch nicht „zufällig" berühren, um mal zu sehen, wie sich der Busen anfühlt. Mädchen empfinden die Berührung ihrer Brüste als sexuelle Belästigung, wenn sie es nicht ausdrücklich selber wollen. Beim Schmusen mit ihrem Freund finden Mädchen Berührungen der Brust und der Brustwarzen aber sehr erregend.

Finden Mädchen Sex spannend?

Auch Mädchen sehnen sich in der Pubertät nach körperlicher Berührung, nach Küssen, Schmusen oder auch mehr. Und sie werden auch sexuell erregt, wenn sie einen Jungen anschauen und berühren, in den sie verliebt sind. Allerdings haben Mädchen oft ein **anderes Tempo**. Sie fühlen sich manchmal gedrängt, wenn ein Junge immer mehr will. Wenn ein Mädchen dich zum Beispiel küsst, heißt das nicht, dass sie schon für einen Zungenkuss bereit ist. Am besten lasst ihr euch am Anfang **ganz viel Zeit!**

Weißt du schon...

Warum willst du

Der ist sooo...

Bin ich nicht...

Kennst du auch...

Kennst du auch...

OK.

Gut.

JUNGS

Worüber reden Mädchen?

MÄDCHEN

Jedenfalls nicht nur über Jungs! Die meisten Mädchen interessieren sich sehr für **Beziehungen**: Wer ist in wen verliebt? Wer kann wen nicht leiden? Wer hat mit wem Schluss gemacht und warum? Und dann gibt es noch viele **Dinge, die sie süß oder cool finden**: Pferde, Hundebabys, Klamotten, Schauspieler, Popstars. Viele Mädchen brauchen Selbstbestätigung von ihren Freundinnen, sie möchten immer wieder hören, dass sie hübsch, intelligent, lieb oder hilfsbereit sind. Jungen machen meistens nicht so viele Worte; sie finden, dass unter Freunden eh alles klar ist. Aber natürlich gibt es sowohl bei Jungen als auch bei Mädchen immer solche, die andere Interessen und Verhaltensweisen haben als der Durchschnitt.

Interessieren sich Mädchen nur für ältere Jungs?

Mädchen kommen ungefähr 2 Jahre vor den Jungen in die Pubertät. Dann haben sie körperlich und sexuell so einen **Vorsprung**, dass gleichaltrige oder gar jüngere Jungen für sie tatsächlich nicht interessant sind. Aber das gleicht sich mit der Zeit aus. Ungefähr mit 15 oder 16 werden die Jungs auch für gleichaltrige Mädchen langsam wieder interessant.

Wie zeige ich, dass ich sie mag?

Eine gute Methode: Komplimente machen! Zum Beispiel: „Starkes T-Shirt" oder „Deine Haarfarbe ist der Hammer". Auch gut: hilfsbereit sein. Ihr das Schulbuch leihen, das sie zu Hause vergessen hat. Oder etwas aufheben, was ihr runtergefallen ist. Mädchen finden es auch super, wenn du ihr **deine Gefühle** zeigst, etwa die Enttäuschung über eine schlechte Note. Versuch am besten, sie alleine zu erwischen und mit ihr ins **Gespräch** zu kommen. Wenn deine Freunde oder ihre Freundinnen dabei sind, kannst du dich manchmal nicht so geben, wie du dich wirklich fühlst.

Lachen die Mädchen mich aus?

Mädchen, die in einer Gruppe zusammenhängen und kichern, können Jungen ganz schön verunsichern: Habe ich etwas Komisches gemacht? Sehe ich irgendwie merkwürdig aus? Wahrscheinlich nicht, aber die Mädchen versuchen damit, ihre **Unsicherheit** zu **überspielen**. Am besten versuchst du, die Mädchen aus einer Clique mal alleine zu erwischen und dich mit ihnen zu unterhalten. Oft gehen sie danach auch als Gruppe natürlicher mit dir um.

SEX UND LieBE

Plötzlich ist alles anders: Du siehst die Mädchen mit neuen Augen. Dein Blick wird wie magisch von ihren Busen angezogen und du stellst sie dir vielleicht nackt vor. Deine Gefühle und Gedanken kreisen jetzt häufig um sexuelle Themen. Und irgendwann geht dir ein bestimmtes Mädchen (oder vielleicht auch ein bestimmter Junge) nicht mehr aus dem Kopf. Da ist so ein ungewohntes **Kribbeln im Bauch**: Was ist das nur, diese unbestimmte Sehnsucht nach größtmöglicher Nähe, nach Körperkontakt? Willkommen im Club! Du hast dich zum ersten Mal **verliebt**. Liebe ist etwas anderes als Freundschaft. Wer verliebt ist, dem reicht es nicht, möglichst viel Zeit mit Freund oder Freundin zu verbringen und etwas zusammen zu unternehmen. Da ist mehr: ein körperliches Verlangen und sexuelle Lust beim Gedanken an den eigenen und den anderen Körper.

Sexuelle Lust ist wie eine **große Vorfreude**, eine Spannung. Du spürst, dass sich eine körperliche Erregung aufbaut, die sich entladen

Für: Nackt, Kribbeln, Busen, verliebt

1 Paar neue Augen

möchte. Zuerst stellst du dir vielleicht nur vor, wie du ein Mädchen küsst. Dann möchtest du mehr. Ihren Körper erforschen, schmusen und knutschen. Bald würdest du auch gerne mit deiner Freundin schlafen. Aber lass dir Zeit: Liebe und Sex sind eine lange Entdeckungsreise – je mehr du unterwegs entdeckst und **lustvoll** ausprobierst, desto schöner wird sie.

Muss man Sex lernen?

Das sexuelle Grundwissen, um Kinder zeugen zu können, beherrschen alle Menschen von Natur aus: Den Penis in die Scheide stecken und so lange bewegen, bis es zum Samenerguss kommt. So ein „Rein-Raus-Sex" hat aber wenig mit Freude an der Sexualität, Liebe, Zärtlichkeit und Vertrauen zu tun. Damit Sex mit einem anderen Menschen zu einem schönen Erlebnis wird, solltest du möglichst viel dazu in Erfahrung bringen. Und dir vor allem **viel Zeit nehmen**, um auszuprobieren, was dir gefällt!

Ist Onanieren normal?

Sich selbst befriedigen, masturbieren oder onanieren: Das machen fast alle Jungen und auch sehr viele Mädchen. Es ist **völlig normal** und hilft dir, **deinen Körper** kennenzulernen und deine sexuelle Erregung (und die Entladung im Orgasmus) zu **genießen**. Es schadet weder deiner Gesundheit noch verbrauchst du deinen Vorrat an Samenzellen (Spermien). Denn Spermien werden dein Leben lang immer wieder neu gebildet. Es ist aber auch okay, wenn du keine Lust zum Onanieren hast.

Was mache ich nach dem Onanieren mit dem Sperma?

Nach dem Erguss macht sich oft eine leichte Ernüchterung breit: Spermaflecken in der Bettwäsche oder in der Unterhose sind ein bisschen unangenehm. Du kannst **Papiertaschentücher** oder eine Rolle **Klopapier** griffbereit halten, wenn du dich selbst befriedigst, und in das Papier spritzen (das du hinterher entsorgst). Wenn Sperma in der Wäsche landet, kannst du es mit einem feuchten Lappen (kaltes Wasser ist am besten) herausreiben. Sperma hinterlässt keine dauerhaften Flecken.

Was ist so toll an einem Orgasmus?

Der Orgasmus heißt auch **sexueller Höhepunkt** oder ganz einfach „Kommen". Das ist ein **richtig schönes Gefühl!** Wenn der Höhepunkt der Erregung erreicht ist, beginnt ein lustvolles Zucken und Zusammenziehen im Unterleib und Penis, dann eine Art innere Explosion, bei der das Sperma aus dem Penis spritzt. Danach fühlst du dich, als könntest du zerfließen. Tiefe Entspannung, innere Wärme und Befriedigung halten nach dem Orgasmus noch eine ganze Weile an.

Wie geht ein guter Kuss?

Kaum ein Mädchen mag es, wenn du überfallartig deine Lippen auf ihre presst und ihr deine Zunge in den Mund steckst. Beginne mit einem **sanften Berühren** der Lippen. Damit fragst du: Gefällt dir das, kann ich weitergehen? Wenn das Mädchen dir mit den Lippen entgegenkommt und den Mund leicht öffnet, mag sie es. Wenn sie deinen Kuss erwidert, kannst du mit der Zungenspitze ihre Zunge suchen. Wenn du merkst, dass sie **leidenschaftlicher** wird und gerne mit deiner Zunge **spielt**, kannst du sie intensiver küssen. Wenn das Mädchen jedoch zurückweicht oder deine Berührungen nicht erwidert, solltest du dich stärker zurückhalten.

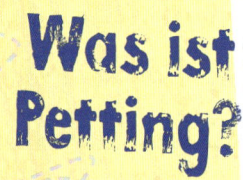

Was ist Petting?

Schmusen, knutschen, streicheln, küssen – alle **körperlich erregenden Berührungen**, bei denen der Penis des Jungen *nicht* in die Scheide eingeführt wird, bezeichnet man als Petting. Das können ein zartes Knabbern am Ohrläppchen sein, ein intensiver Kuss, aber auch viel weitergehende Berührungen. So kann ein Mädchen zum Beispiel den Penis ihres Freundes drücken, bis er „kommt", also einen Orgasmus hat. Oder der Junge streichelt das Mädchen zwischen den Beinen oder saugt sanft an ihren Brustwarzen. So findet ihr mit der Zeit heraus, was euch am meisten Lust macht.

Kann man durch Petting schwanger werden?

Es ist sehr unwahrscheinlich, aber **nicht ausgeschlossen**. Normalerweise kommt es nur zu einer ungewollten Schwangerschaft, wenn man ohne Kondom miteinander schläft. Aber wenn ein Junge beim Petting sehr erregt ist und einen Samenerguss (Ejakulation) in der Nähe der Scheide eines Mädchens bekommt, kann etwas Samenflüssigkeit (Sperma) in die Scheide fließen. Eine andere Möglichkeit: Ein Junge hat Sperma an den Fingern und streichelt ein Mädchen an der Scheide. Also **aufpassen!**

Was sind „erogene Zonen"?

Wenn erogene Zonen berührt und gestreichelt werden, fühlt sich das **besonders lustvoll** an. Sehr empfindsam sind zum Beispiel die Innenseiten der Oberschenkel, die Ohrläppchen, der Hals und ganz besonders der Kitzler bei Mädchen und die Eichel am Penis von Jungen. Probiert es einfach aus. Wenn es zwischen euch knistert, ist **der ganze Körper** eine einzige erogene Zone!

Wie funktioniert das „erste Mal"?

Sex oder Geschlechtsverkehr funktioniert nur, wenn der Penis des Jungen steif ist (er also eine Erektion hat). Beim Sex gleitet der Penis des Jungen in die Scheide des Mädchens. Junge und Mädchen bewegen sich, sodass der Penis in der Scheide auf- und abgleitet. Für das Mädchen ist es noch schöner, wenn gleichzeitig ihr Kitzler liebkost wird. Nach einer Weile entlädt sich die Erregung häufig, aber nicht immer in einem Orgasmus, der beim Jungen von einem Samenerguss begleitet wird.

Das „erste Mal" wird allerdings **ein bisschen überbewertet**. Für viele Mädchen und Jungen war es im Rückblick gar nicht so toll. Wenn es nicht der Hit war, kein Problem! Je besser ihr euch kennt und je mehr ihr ausprobiert, desto schöner wird es.

Kann eine Scheide „zu eng" sein?

Wenn du deinen steifen Penis siehst, fragst du dich vielleicht, wie er in die Scheide deiner Freundin passen soll. Aber **keine Angst**: Die Scheide von Mädchen ist auf jeden Fall **dehnbar** genug für jede Penisgröße. Wenn es schwer oder unmöglich ist, mit dem Penis einzudringen, liegt es eher daran, dass ein Mädchen nicht erregt genug und deshalb zu trocken in der Scheide ist. Nehmt euch genügend Zeit für das Vorspiel, damit ihre Scheide **feucht** wird.

Antörner

Robert P.

Schuhe

ich

Mathe

Abtörner

Was finden Mädchen erregend?

Mädchen haben genauso starke sexuelle Gefühle wie Jungen. Ihre Erregung baut sich aber langsamer auf als bei Jungen und hält oft länger an.

Damit ihr beide **Spaß** habt, solltest du dem Mädchen viel Zeit lassen, richtig erregt zu werden: Intensive Küsse, erst sanftes, dann heftigeres Streicheln des Busens und der Brustwarzen, später auch das Streicheln des Kitzlers und der Innenseiten der Oberschenkel sind sehr erregend für sie. Wenn es ihr gefällt, kommt sie dir mit dem Körper entgegen und sie wird zwischen den Schamlippen und in der Scheide ganz feucht. Wenn du sie weiter am Kitzler streichelst, hat sie vielleicht einen Orgasmus. Oder sie zieht dich an sich heran und öffnet ihre Beine, damit du mit dem Penis eindringen kannst. Nur dann, wenn auch sie **wirklich bereit** ist, fühlt sich Sex für euch beide wie der **Himmel auf Erden** an.

Jungen kommen oft sehr schnell zum Höhepunkt, bei ihnen ist Sex ohne Orgasmus und Samenerguss selten. Es kann aber passieren, dass man sich beim Sex **nicht ungestört** fühlt, weil zum Beispiel jeden Moment die Eltern ins Zimmer kommen könnten. Dann lässt schon vor einem Orgasmus die Erektion nach. Auch die **Angst**, nicht „gut genug" im Bett zu sein, kann den Penis beim Sex wieder schlaff werden lassen. Sex kann aber auch ohne Orgasmus schön sein, einfach, weil man sich dem anderen nahe fühlt.

Kommt es immer zum Orgasmus?

Was ist, wenn ich zu früh „komme"?

Jungen „kommen" oft sehr schnell, sobald der Penis in der Scheide ist. Für Mädchen ist das häufig frustrierend, weil sie **mehr Zeit bis zum Orgasmus** gebraucht hätten. Deshalb ist es besser, wenn du deine Freundin schon vor dem eigentlichen Geschlechtsverkehr liebevoll streichelst, wo sie es am liebsten mag, bis sie zu ihrem Höhepunkt kommt. Gleich danach kannst du in sie eindringen und auch deinen Orgasmus genießen.

Wenn man miteinander schläft, kann zum Beispiel der Junge auf dem Mädchen liegen oder umgekehrt. Der Junge kann auf dem Rücken liegen und das Mädchen sitzt auf ihm; oder er hält das Mädchen auf seinem Schoß. Oder der Junge steht und das Mädchen schlingt die Beine um ihn – und, und, und … Die meisten Paare haben aber 2 oder 3 Stellungen, die ihnen am besten gefallen. Am **Anfang** gleitet der Penis oft am leichtesten in die Scheide, wenn das Mädchen auf dem **Rücken** liegt, die Beine aufstellt und du dich auf sie legst.

Was sind Stellungen?

Wie können wir verhüten?

Schon beim „ersten Mal" kann ein Mädchen schwanger werden. Deshalb solltest du vorher unbedingt mit deiner Freundin die Verhütung regeln. Zum Thema Verhütung gibt es sehr **gute Informationen im Internet** (Adressen auf Seite 78/79). Und es ist auch kein bisschen peinlich, wenn du deine Freundin zum **Frauenarzt** oder zu einer **Beratungsstelle** wie pro familia begleitest, um mehr über Verhütung zu erfahren. Es gibt eine ganze Reihe von Methoden, die unterschiedlich sicher sind. Was aber auf keinen Fall geht: „Aufpassen", also den Penis vor dem Samenerguss aus der Scheide ziehen.

Gut für Anfänger sind Kondome und die Pille. **Kondome** gibt es in jedem Supermarkt, sie sind nicht teuer. Da sie gleichzeitig vor ansteckenden Krankheiten schützen, sind sie ein „Muss" in jeder neuen Beziehung. Probiert die Kondome erst mal aus, bevor ihr zum ersten Mal miteinander schlaft. Ein Kondom wird über den steifen Penis gerollt. Wie das genau geht, steht auf Seite 54. Wichtig ist, dass du das Kondom festhältst, wenn du den Penis aus der Scheide ziehst, damit es nicht abrutscht. Und da sind wir bei einem Problem: Gerade Anfänger stellen sich manchmal ungeschickt mit Kondomen an, und dann ist die Verhütung nicht so sicher. Sobald ihr regelmäßig miteinander schlaft, ist es deshalb sinnvoll, dass deine Freundin zusätzlich die **Pille** nimmt. Das sind Hormone, die den Eisprung verhindern. Verhüten mit der Pille ist **sehr sicher**.

Andere Verhütungsmethoden sind zum Beispiel Spirale, Temperaturmessung oder Diaphragma. Sie sind normalerweise aber nur für erwachsene Frauen geeignet.

Wie benutzt man ein Kondom?

Kondome werden auch Gummi, Pariser oder Präservativ genannt. Sie sollten nicht monatelang in der Hosentasche mitgenommen werden, dann werden sie brüchig und sind nicht mehr sicher. Also lieber alle paar Wochen **neue kaufen**, wenn man sie nicht gebraucht hat!

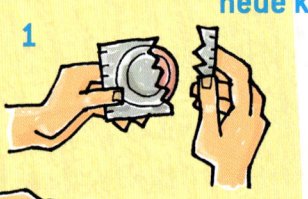

Und so geht es:

1 Die Verpackung vorsichtig aufreißen, damit das Kondom nicht beschädigt wird.

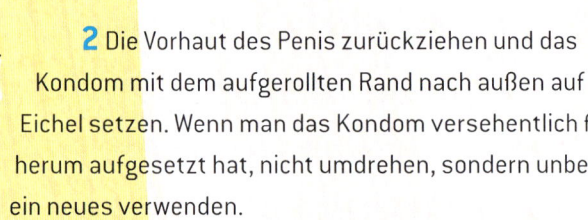

2 Die Vorhaut des Penis zurückziehen und das Kondom mit dem aufgerollten Rand nach außen auf die Eichel setzen. Wenn man das Kondom versehentlich falsch herum aufgesetzt hat, nicht umdrehen, sondern unbedingt ein neues verwenden.

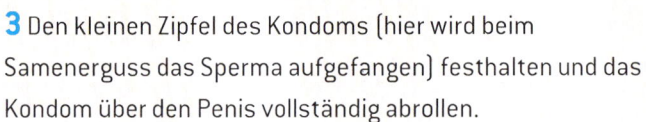

3 Den kleinen Zipfel des Kondoms (hier wird beim Samenerguss das Sperma aufgefangen) festhalten und das Kondom über den Penis vollständig abrollen.

4 Nach dem Geschlechtsverkehr den Penis in der Scheide nicht zu sehr erschlaffen lassen und beim Rausziehen den unteren Rand des Kondoms festhalten, damit es nicht abrutscht.

Wenn ein Kondom doch abgerutscht oder vielleicht gerissen ist, sollte das Mädchen so schnell wie möglich zu einer Frauenärztin gehen (am Wochenende hilft der ärztliche Notdienst). Es gibt für solche Verhütungspannen die „Pille danach", mit der man eine Schwangerschaft noch innerhalb von ungefähr 3 Tagen verhindern kann.

Kondome schützen nicht nur vor Schwangerschaft, sondern auch vor allen sexuell **übertragbaren Krankheiten**. Nur Paare, die sich schon länger kennen und absolut treu sind, können darauf verzichten.

Krankheitskeime können nicht nur mit dem Sperma oder mit der Scheidenflüssigkeit übertragen werden, sondern auch über den Mund. Deshalb musst du auch ein Kondom benutzen, wenn ein Mädchen dich mit dem Mund befriedigt.

Wovor schützen Kondome?

Kann Sex krank machen?

Oooh!

Sex ist schön – aber nicht immer ungefährlich. Im Sperma oder in der Scheidenflüssigkeit können **Krankheitserreger** sein. Von HIV, dem gefährlichen AIDS-Virus, hast du sicher schon gehört. Es gibt aber noch andere **Geschlechtskrankheiten**, z.B. Chlamydien- oder Pilzinfektionen, Gonorrhö (Tripper) oder Syphilis. Oft merkt man zunächst gar nicht, dass man infiziert ist, kann aber trotzdem schon andere anstecken. Bei folgenden Anzeichen solltest du zum Arzt gehen: Rötung, Juckreiz, ungewöhnliche Ablagerungen, Bläschen oder Knötchen an der Eichel und Austritt von Flüssigkeit aus der Harnröhre.

Was hilft gegen Lippenherpes?

Viele Jugendliche sind davon genervt: juckende, brennende Bläschen an den Lippen, die immer gerade dann kommen, wenn man sie am wenigsten brauchen kann. Verursacht werden sie von übertragbaren Herpesviren – das heißt **Kussverbot**, solange die Bläschen noch nicht abgeheilt sind. Es gibt dagegen Salben in der Apotheke, aber genauso gut hilft es oft, die Bläschen mehrmals am Tag dick mit **Honig** einzureiben.

Was ist ein Blowjob?

Das bedeutet, dass ein Mädchen den Penis des Jungen mit den Lippen oder der Zunge lutscht, leckt oder küsst. Die meisten Jungen finden es sehr schön und erregend, wenn ihre Freundin sie mit **dem Mund liebkost**. Man nennt das auch Oralsex, Fellatio oder Blasen. Es geht aber auch umgekehrt: Der Junge kann am Kitzler und den Schamlippen des Mädchens lecken und saugen, das nennt man Cunnilingus (komisches Wort, oder?). Manche Mädchen mögen Oralsex, anderen gefällt es nicht so gut.

Bin ich vielleicht schwul?

Wer sich als Mann dauerhaft sexuell **zu anderen Männern** hingezogen fühlt, ist homosexuell. Aber nicht jeder, der mal mit Freunden gemeinsam onaniert, ist deshalb gleich schwul! Für einen Jungen, der seine Homosexualität entdeckt, ist es am Anfang oft schwer, mit dem Anderssein klarzukommen und dazu zu stehen. Hier hilft es, sich mit anderen Betroffenen auszutauschen und sich zu informieren. Auf Seite 78/79 findest du einige Adressen.

Schwule Gefühle: geheim halten oder offen zeigen?

Das ist eine schwierige Frage. Zwar gehen die meisten Menschen heute offener als früher mit Homosexualität – also der Liebe zum gleichen Geschlecht – um, aber wer sich als schwul outet, riskiert immer noch, ausgegrenzt zu werden. Andererseits ist es auf Dauer sehr belastend, schwule Gefühle geheim zu halten. Du solltest deshalb zunächst diejenigen einweihen, denen du am meisten **vertraust**, und nach und nach immer **offener** damit umgehen.

TOTAL NORMAL – ODER GANZ SCHÖN ANDERS

In der Sexualität gibt es fast nichts, was es nicht gibt. Vielleicht hast du im Internet schon Seiten gesehen, auf denen **Spielarten von Sex** gezeigt wurden, die du seltsam oder abstoßend gefunden hast. Oder du hast Dinge gehört, die deine Freunde hinter vorgehaltener Hand erzählt haben: von Gruppensex oder vom Fesseln oder Auspeitschen unter Paaren. Grundsätzlich ist die Sexualität jedes Menschen seine Privatsache – er kann sexuelle Fantasien haben oder diese auch in Wirklichkeit ausleben. Aber es gibt **Grundregeln**: Erlaubt ist nur, was allen Beteiligten gefällt und Spaß macht. Und Kinder sind bei Sexspielchen absolut tabu.

Die meisten Paare haben viel „langweiligeren" Sex, als du glaubst. Der Normalfall sind nach wie vor Paare, die einfach zärtlich zueinander sind, sich lieben und miteinander schlafen. Völlig normal sind auch sexuelle Fantasien, die über den Sex mit dem Partner oder der Partnerin hinausgehen. Alles ist erlaubt, was sich nur im Kopf abspielt. Allerdings haben Menschen durch das Internet die Möglichkeit, ihre Fantasien unerkannt und unbemerkt Wirklichkeit werden zu lassen. Das sind meist Männer, die sexuell abnorm veranlagt sind (zum Beispiel sogenannte Pädophile, die Sex mit Kindern erregend finden). Auch als Junge kannst du hier zum Opfer werden. Du solltest deshalb bei allen Online-Kontakten ganz **besonders vorsichtig** sein.

Darf ich mir meine Lehrerin nackt vorstellen?

In der Fantasie ist alles erlaubt. Viele Jungen stellen sich beim Onanieren oder auch beim Sex in einer Art **Kopfkino** bestimmte Frauen oder Männer nackt vor oder haben Fantasien von sexuellen Handlungen mit ihnen. Es ist auch **nicht schlimm**, wenn du dir deine Lehrerin nackt vorstellst. Solche Gedanken behältst du aber am besten für dich. Wenn du damit vor deinen Freunden angibst, könnte es sein, dass die betreffende Person irgendwann davon erfährt – und das wäre doch super peinlich.

Ich träume von Gewalt – ist das okay?

Fantasien von Gewaltanwendung beim Sex sind **nicht ungewöhnlich** – sowohl Frauen als auch Männer haben sie. Bei vielen steigert das die Lust beim Onanieren oder beim Geschlechtsverkehr. Solange das nur erregende Gedanken sind, ist das okay. Manche verspüren aber einen immer stärker werdenden Drang, ihre Gewaltfantasien auch im wahren Leben an wehrlosen Opfern zu verwirklichen. Oder sie verhalten sich beim Sex brutal, ohne dass ihre Partnerin oder ihr Partner das schön findet. Das ist ein **Alarmsignal**. Man kann sich in so einer Situation beraten lassen, zum Beispiel bei der Anlaufstelle „Nummer gegen Kummer": (0800) 111 0 333.

Was ist Analsex?

Analsex bedeutet, dass beim Sex etwas in den After eingeführt wird. Das kann zum Beispiel ein Penis sein, ein Dildo (eine künstliche Penisnachbildung) oder ein Finger. Homosexuelle Männer haben Analsex miteinander, aber auch manche heterosexuelle Paare mögen ihn. Für **Anfänger** in der Liebe ist Analsex **eher nichts**. Er erfordert Erfahrung und Einfühlungsvermögen, denn der After kann leicht verletzt werden.

Was ist Sado-Maso?

Manche Menschen finden es beim Sex erregend, wenn sie dem Partner Schmerzen zufügen (Sadismus) oder wenn sie selbst Schmerzen erleiden (Masochismus). Sado-Maso ist eine **Spielart der Sexualität**, die befriedigend sein kann, wenn beide Partner sie wollen. Wer das nicht gut oder sogar abstoßend findet, sollte sich nicht überreden lassen, mitzumachen. Für deine Sexualität ist nur entscheidend, womit *du* dich wohlfühlst.

Warum stehen manche Männer auf Kinder?

Leider gibt es Männer, die die Unschuld und Wehrlosigkeit von Kindern besonders anmacht. Oft sind es Typen, die normalerweise nicht viel zu sagen haben und **Machtgefühle gegenüber Schwächeren** ausleben wollen. Nicht selten ist auch Sadismus im Spiel, also Lust am Quälen. Das ist eine **seelische Störung**, die schwer zu behandeln ist. Wenn Männer Kindern Nacktfotos oder den eigenen Penis zeigen, ist das *nie, wirklich nie* in Ordnung. Wenn du so etwas erlebst oder davon erfährst, musst du es sofort einem Erwachsenen erzählen, dem du vertraust.

Was machen Prostituierte?

Prostitution ist käuflicher Sex. Das heißt, Männer (meistens) oder Frauen (selten) **zahlen** dafür, Sex zu haben. Weibliche Prostituierte werden (abwertend) auch Nutten, Huren oder Callgirl genannt, männliche Prostituierte heißen Stricher oder Callboy. In Deutschland ist Sex gegen Geld erlaubt, wenn die Prostituierten nicht dazu gezwungen werden und mindestens 18 Jahre alt sind. Zu Prostituierten gehen vor allem Männer, die keine Partnerin haben oder die besondere sexuelle Spielarten ausleben wollen.

Wie real sind Pornos?

Es gibt viele Bilder oder Filme, die Menschen beim Sex zeigen. Wenn dabei nicht Beziehungen und Liebe, sondern ausschließlich der Sex im Vordergrund steht, nennt man das Pornografie oder Porno. Wer sexuell noch unerfahren ist, weiß nicht so genau, wie er Pornos einschätzen soll. Sieht Sex wirklich *so* aus? Nein – in den meisten Fällen nicht! **Auf keinen Fall** darfst du glauben, du müsstest den **Sex in Pornos nachahmen**, um „ein ganzer Kerl" zu sein. Du kannst davon ausgehen, dass deine Freundin zärtlich und respektvoll behandelt und nicht als reines Sexspielzeug gesehen werden möchte. Bei Pornos werden Schauspieler dafür bezahlt, dass sie etwas vorspielen. Wenn in einem Film jemand umgebracht wird, ist er ja auch nicht wirklich tot. Pornos geben oft ganz **falsche Vorstellungen**: Fast niemand hat einen 20 Zentimeter langen Penis. Frauen werden nicht erregt und kommen auch nicht zum Orgasmus, nur weil ein Mann ein paar Mal den Penis rein- und rausbewegt. Riesenbrüste sind fast nie echt. Die meisten Menschen möchten nicht mit mehreren Partnern gleichzeitig schlafen, und die wenigsten Mädchen mögen es, Sperma zu schlucken. Und Gewalt beim Sex ist zwar eine Spielart, die manche Paare auch körperlich ausleben, aber kein Standard, nach dem du dich richten solltest.

Schaden mir Pornos?

Wenn du dir aus **Neugier** mal Pornos anschaust, ist das nicht schlimm. Obwohl du das eigentlich erst ab 18 darfst. Wer es regelmäßig tut, kann sich aber seelisch verändern. Das ist wie bei der Werbung: Wenn irgendwelche Bilder ständig auf einen einhämmern, wird man davon beeinflusst, ohne es richtig zu merken. Die **Gefahr** bei Pornos: Irgendwann findet man es normal, wenn brutale, gefühllose Sexszenen gezeigt werden. Und dann verliert man vielleicht das Gefühl dafür, dass Sex am schönsten ist, wenn Liebe und gegenseitiger Respekt im Spiel sind.

Sind Mädchen selber schuld, wenn sie angemacht werden?

Viele Mädchen tragen gerne enge Kleidung oder kurze Röcke. Sie möchten gut aussehen und vielleicht ein bisschen **Aufmerksamkeit** bei den Jungs erregen. Viele sind sich gar nicht klar darüber, dass sie mit ihrer Aufmachung heftige **sexuelle Reaktionen** bei Jungen auslösen können. Für dich gilt in so einer Situation: Sexuelle Fantasien sind okay, sexistische Sprüche, sexuelle Belästigung und körperliche Übergriffe aber völlig daneben.

Warum ist das Internet manchmal gefährlich?

Das Internet ist wirklich toll. Die Welt steht dir offen und du kannst Kontakte knüpfen. Aber es gibt auch Gefahren. Überleg dir deshalb bei jedem Bild und jeder Information, die du über dich herausgibst, ob du wirklich möchtest, dass ein Fremder oder die gesamte Community sie erfährt.

Riskant ist zum Beispiel das sogenannte **„Sexting"** (zusammengesetzt aus „Sex" und „Texting"), also das Senden oder Hochladen von erotischen Fotos oder Nacktaufnahmen. Vielleicht bist du verliebt und möchtest solche Bilder mit deiner Freundin austauschen; und wenn dann zwischen euch Schluss ist, stellt sie die Bilder aus Rache ins Netz. Das passiert immer wieder!

Ein anderes Problem ist **„Grooming"**. Das bedeutet, dass ein Erwachsener sich mit einer erfundenen Persönlichkeit im Netz an dich heranmacht und über längere Zeit dein Vertrauen gewinnt. Nach einer Weile glaubst du, ihn gut zu kennen und gibst ihm deine Adresse. Vielleicht willst du dich sogar mit ihm treffen. Aber **Vorsicht**: Zum ersten Treffen mit einem Internetfreund solltest du auf jeden Fall einen vertrauten Erwachsenen mitnehmen, um zu checken, wer wirklich hinter dem Kontakt steckt.

oh heih!

DEINE ReCHTE, DEINE PFLICHTEN

Findest du, dass in deinem Leben zu viel verboten und zu wenig erlaubt ist? Das geht den meisten Mädchen und Jungen in deinem Alter so. Vieles möchtest du jetzt selber entscheiden: mit wem du dich triffst, wann du nach Hause kommst, wie lange du am Computer sitzt … Jede Familie hat ihre eigenen Regeln. Manche Eltern sind strenger als andere. Ob sie dir etwas erlauben, hängt natürlich auch davon ab, was sie dir zutrauen und ob sie dir vertrauen. Hier kommt deine eigene Rolle ins Spiel. Du kannst durch **dein Verhalten** dazu beitragen, dass deine Eltern (und andere Erwachsene wie Lehrer oder Ausbilder) vieles nicht mehr ganz so eng sehen und dir mehr **Freiräume** lassen.

Zum Beispiel: Wenn du abends immer zur verabredeten Zeit zu Hause bist, darfst du nach und nach vielleicht länger unterwegs sein. Wenn du die Sachen erledigt hast, die deinen Eltern wichtig sind (Hausaufgaben, den Hund füttern, Tisch abräumen …), reagieren sie nicht mehr so sauer, wenn du stundenlang chattest.

Neben den „hausgemachten" Regeln in jeder Familie gibt es aber auch noch Gesetze. Das **Jugendschutzgesetz** regelt, ab wann Jugendliche Alkohol trinken oder rauchen dürfen, wie lange sie abends in einem Club bleiben und ab wann sie bestimmte Filme (mit Sex- und Gewaltszenen) sehen dürfen. Allerdings gelten diese Regeln in der Öffentlichkeit, also außerhalb der eigenen vier Wände. Was deine Eltern dir zu Hause erlauben oder verbieten, dürfen sie weitgehend selbst entscheiden.

Wann muss ich abends zu Hause sein?

Das können deine **Eltern bestimmen**, solange du unter 18 Jahre bist. Nach dem Jugendschutzgesetz dürfen Jugendliche ab 14 zum Beispiel bis 22 Uhr ohne Erziehungsberechtigte ins Kino, Jugendliche ab 16 dürfen bis Mitternacht alleine ins Kino oder in einen Club. Wenn du schon 14 bist, könntest du mit deinen Eltern ausmachen, dass du am Wochenende etwa um 22 Uhr zu Hause bist und ab 16 ungefähr um Mitternacht. Solange du unter 14 bist, ist ungefähr 20 Uhr die richtige Zeit zum Heimkommen. Den vollen Text des Jugendschutzgesetzes findest du unter www.bmfsfj.de/BMFSFJ/gesetze,did=5350.html.

Nur 5 Minuten zu spät – wieso sind Erwachsene dann gleich genervt?

Es stimmt schon – 5 Minuten warten ist ja eigentlich kein Drama. Und wenn du selten zu spät dran bist, hält sich das Gemecker von Eltern, Lehrern oder Ausbildern normalerweise auch in Grenzen. Anders sieht es aus, wenn du **immer ein bisschen zu spät** kommst. Sieh es mal so: Du mutest anderen zu, dumm rumzustehen und auf dich zu warten. Es gibt zwar Schlimmeres – aber ein bisschen rücksichtslos ist das Zuspätkommen eben doch. Und genau das regt die anderen daran auf.

Können Erwachsene mir das Rauchen verbieten?

Jugendliche **unter 18** dürfen keine Zigaretten (oder anderen Tabak) kaufen und auch nicht in der Öffentlichkeit rauchen. Ein Wirt in einer Kneipe kann dir verbieten zu rauchen, auch vor der Kneipentür. Erwachsene auf der Straße werden normalerweise höchstens meckern, wenn du rauchst, sie wissen ja, dass du dir jederzeit hinter der nächsten Ecke wieder eine Zigarette anstecken kannst. Deine Eltern können dir das Rauchen aber auf jeden Fall verbieten, und auch in der Schule kann ein totales **Rauchverbot** gelten. Mehr Infos findest du unter www.rauch-frei.info.

Darf ich mit Kumpels was trinken gehen?

Das **Jugendschutzgesetz** sagt, dass hochprozentiger Alkohol (z. B. Schnaps, Alkopops mit Rum oder Wodka) nicht an Jugendliche unter 18 verkauft werden darf. Du darfst solche Getränke auch nicht in einer Kneipe bestellen oder in der Öffentlichkeit trinken. Ab 16 darfst du Bier, Wein und Sekt kaufen und trinken, auch zusammen mit Freunden in einer Kneipe. Unter 16 geht gar nichts, es sei denn, deine Eltern sind dabei und erlauben dir ein Glas Wein oder Bier.

Wie komme ich an mehr Geld?

Viele Jugendliche kommen mit ihrem Taschengeld nicht mehr aus, wenn sie sich **mehr leisten** wollen als nur mal einen Burger oder eine Kinokarte. In den meisten Familien gibt es ein wöchentliches oder monatliches Taschengeld, das sich nicht nur nach deinem Alter richtet, sondern auch danach, wie viel sich deine Eltern leisten können. In Deutschland erhalten 12-Jährige im Schnitt ungefähr 20 bis 25 Euro im Monat, 14-Jährige um die 30 Euro. Es gibt viele Möglichkeiten, dein Taschengeld aufzubessern: Für Bekannte den Hund ausführen, bei Nachbarn Rasen mähen oder Nachhilfe geben. Solche kleinen **Jobs** darfst du auch als Kind schon gegen Bezahlung anbieten.

Wenn du einen **richtigen Nebenjob** suchst, zum Beispiel Prospekte austragen, musst du mindestens 13 Jahre alt sein. Du darfst mit 13 und 14 maximal 2 Stunden am Tag arbeiten – allerdings nur mit Zustimmung deiner Eltern. Ab 15 Jahren darfst du unter bestimmten Bedingungen schon 8 Stunden pro Tag arbeiten, zum Beispiel während eines Ferienjobs – aber nicht mehr als insgesamt 20 Arbeitstage pro Jahr.

Ab wann darf ich jobben?

Was haben Erwachsene gegen Computerspiele?

Die meisten Eltern nervt vor allem, dass ihre Kinder mehrere Stunden am Tag spielen und in dieser Zeit andere Dinge unerledigt bleiben: Hausaufgaben, Klavier üben, das Altglas wegbringen … Ein Reizthema sind aber auch **Ballerspiele**, bei denen es darum geht, möglichst viele Gegner zu erledigen. Viele Erwachsene haben Angst, dass Jugendliche dadurch rücksichtsloser werden. Natürlich kennst du Schlupflöcher, wenn solche Spiele bei dir zu Hause verboten sind – irgendein Kumpel hat sicher Eltern, die das weniger eng sehen. Vielleicht magst du aber mal so ein Spiel zusammen mit deinen Eltern anschauen? Dann kannst du mit ihnen darüber reden, wie du es findest und was sie dazu meinen.

Darf meine Freundin bei mir übernachten?

Bis zu deinem 14. Geburtstag giltst du als Kind. Deine Eltern können dir Sex und gemeinsame Übernachtungen verbieten. Ab 14 darfst du selbst entscheiden, ob du Sex haben möchtest, aber nur, wenn deine Partnerin nicht älter als 21 ist und ihr es beide wollt. Aber natürlich können **deine Eltern** trotzdem etwas **dagegen** haben, dass deine Freundin bei dir übernachtet. Ist deine Freundin über 21 und du bist unter 16, kann sie sich unter Umständen sogar strafbar machen, wenn sie deine „fehlende Reife" ausnutzt. Dann können auch deine Eltern ein Problem bekommen, wenn sie einer Übernachtung zugestimmt haben.

Ich wünsche mir ein Tattoo – muss ich meine Eltern fragen?

Meistens sind Eltern nicht einverstanden, wenn Jugendliche sich ein Tattoo stechen lassen wollen. Sie sind überzeugt, dass ihre Kinder das später bereuen werden. Denn wenn das Tattoo einem **nicht mehr gefällt**, ist es sehr schwierig, schmerzhaft und teuer, es weglasern zu lassen. Oft bekommt man es nicht mehr ganz weg und es bleiben lebenslang hässliche Flecken oder sogar **Narben**. Jugendliche unter 18 Jahren dürfen sich nur tätowieren lassen, wenn ihre Eltern einverstanden sind. Ein gutes Tattoostudio wird immer verlangen, dass Mutter oder Vater eine **Einwilligungserklärung** unterschreiben.

Muss ich wirklich im Haushalt helfen?

Es gibt ein Gesetz, in dem steht, dass Kinder im Haushalt mithelfen müssen. Gerade wenn du kein Kind mehr sein willst und mehr **Verantwortung** für dein Leben übernehmen möchtest, solltest du deinen Teil dazu beitragen, dass es gut zu Hause läuft. Deinen Eltern macht es genauso wenig Spaß wie dir, das Altpapier zu entsorgen oder dreckige Socken einzusammeln. Da ist es doch nur **fair**, dass ihr die uncoolen Sachen untereinander aufteilt, oder?

Wieso traut mir niemand was zu?

Es stimmt schon: Deine Eltern und andere Erwachsene halten dich oft noch für ein Kind. Aber kann es sein, dass du manchmal auch ein bisschen verpeilt bist: Sportsachen vergessen, Bus verpassen, Jacke hängen lassen? Dann denken Erwachsene natürlich, dass du es nicht auf die Reihe kriegst, wenn du zum Beispiel eine Zugfahrt zu einem Fußballspiel in einer anderen Stadt planst. Versuch einfach, bei den Kleinigkeiten im Alltag **zuverlässig** zu sein – dann wächst das Vertrauen mit der Zeit von selbst.

Lieben meine Eltern mich überhaupt noch?

In vielen Familien bedeutet Pubertät: Stress und Streit. Die unterschiedlichen Vorstellungen prallen mit Wucht aufeinander. Viele Jugendliche haben dann das Gefühl, dass ihre Eltern ihnen **keinen Spaß gönnen**. Wenn du mit deinen Eltern schon seit Wochen jeden Tag streitest und die meisten deiner Wünsche abgeschmettert worden sind, kommst du vielleicht ins Grübeln: Können meine Eltern mich überhaupt noch leiden? Oder wäre es ihnen am liebsten, wenn ich gar nicht da wäre? Wenn du so denkst, liegst du völlig daneben. Deine Eltern **lieben** dich noch **genauso wie früher**. Und bald werdet ihr euch auch wieder besser verstehen.

WAS BEDEUTET ...?
Fachbegriffe kurz erklärt

Akne
Pickel, die durch hormonelle Veränderungen in der Pubertät entstehen

Aufpassen
Eine „Verhütungsmethode", die nicht funktioniert. Gemeint ist damit, dass der Junge den Penis aus der Scheide des Mädchens zieht, bevor er einen Samenerguss hat.

Beschneidung
Operative Entfernung der Vorhaut

Bläschendrüsen
Sie liegen hinter der Blase und geben beim Samenerguss Flüssigkeit in den Samenleiter ab.

Chlamydien
Krankheitserreger, die beim Sex übertragen werden können

Cunnilingus
Liebkosung von Kitzler und Schamlippen mit dem Mund

Eichel
Der vordere, besonders empfindliche Teil des Penis

Eileiter
Zwei dünne Röhrchen, durch die beim Mädchen Eizellen vom Eierstock in die Gebärmutter wandern

Ejakulation
Samenerguss

Erektion
Das Steifwerden des Penis

Fellatio
Liebkosung von Penis und Hodensack mit dem Mund

„Feuchter Traum"
Ein Samenerguss im Schlaf

Genitalien
Geschlechtsorgane

Hoden
Hier werden Samenzellen (Spermien) und das männliche Hormon (Testosteron) gebildet.

Homosexualität
Sexuelle Gefühle und Liebe für das eigene Geschlecht; homosexuelle Mädchen werden als Lesben bezeichnet, homosexuelle Jungen als Schwule.

Hymen
Jungfernhäutchen; eine dünne, nicht ganz geschlossene Haut am Scheideneingang

Klitoris
Kitzler; Teil der äußeren Geschlechtsorgane von Mädchen, der wichtig für die sexuelle Erregung ist

Kondom
Präser, Pariser, Gummi: wird beim Sex zur Verhütung und zum Schutz vor ansteckenden Krankheiten über den Penis gerollt.

Masturbation
Selbstbefriedigung

Menstruation
Regelblutung, Periode, „die Tage" bei Mädchen

Miteinander schlafen
Geschlechtsverkehr, Liebe machen, Sex haben

Nebenhoden
Die beiden Nebenhoden liegen direkt auf den Hoden, dort reifen und lagern die Spermien.

Onanieren
Selbstbefriedigung

Oralsex
Befriedigung von Partner oder Partnerin mit dem Mund

Orgasmus
Der „sexuelle Höhepunkt"; ein lustvolles Gefühl bei der Selbstbefriedigung oder beim Geschlechtsverkehr; beim Jungen kommt es gleichzeitig zum Samenerguss.

Östrogene
Weibliche Geschlechtshormone

Ovar
Eierstock; in den beiden Eierstöcken werden bei Mädchen Eizellen und weibliche Geschlechtshormone gebildet.

Periode
Regelblutung, Menstruation, „die Tage" bei Mädchen

Petting
Streicheln, schmusen, sexuelle Spiele, bei denen man *nicht* miteinander schläft

Pille
Hormontabletten zur Verhütung, die den Eisprung verhindern

Prostata
Eine Drüse unter der Blase, die beim Samenerguss Flüssigkeit in die Harnröhre abgibt

Prostitution
Das Anbieten von Sex gegen Geld

Sado-Maso
Eine besondere Form von Sex, bei der Schmerzen als lustvoll empfunden werden

Skrotum
Hodensack

Smegma
Absonderungen aus Drüsen in der Vorhaut, die die Eichel feucht halten

Sperma
Samenflüssigkeit

Spermium
Samenzelle; Mehrzahl: Spermien

Testosteron
Männliches Geschlechtshormon, das in den Hoden gebildet wird

Uterus
Gebärmutter

Vagina
Scheide

Vorhaut
Eine Hautfalte, die die Eichel des Penis bedeckt. Sie wird bei einer Beschneidung entfernt.

INFOS UND HILFE IM INTERNET

In Deutschland

www.nummergegenkummer.de

Kinder- und Jugendtelefon „Nummer gegen Kummer": Unter der Nummer (0800)111 0 333 kannst du montags bis samstags von 14 bis 20 Uhr mit allen Problemen kostenlos anrufen. Es gibt auch eine Beratung von Jugendlichen für Jugendliche und eine E-Mail-Beratung.

www.loveline.de

Jugendseite der Bundeszentrale für gesundheitliche Aufklärung; ausführliche Informationen für Jugendliche zu fast allen Fragen rund um Liebe, Sexualität und Verhütung

www.sexundso.de

Jugendseite der pro familia mit Online-Beratungsangebot und Adressen von Beratungsstellen in vielen Städten

www.zartbitter.de

Anlaufstelle bei sexuellem Missbrauch von Jungen und Mädchen; Infos in verschiedenen Sprachen

www.youngavenue.de

Kinderschutzseite, die Hilfe gegen sexuelle Gewalt anbietet

www.bmfsfj.de/BMFSFJ/gesetze,did=5350.html

Voller Wortlaut des deutschen Jugendschutzgesetzes

www.juuuport.de

Informationen rund ums Thema Internet – von Abzocke über Cybermobbing und Spamprobleme bis zu Unterstützung bei technischen Problemen

www.mobbing-schluss-damit.de

Infos und Hilfe zum Thema Mobbing und Cybermobbing

www.rauch-frei.info

Informationen für jugendliche Raucher – mit Ausstiegsprogramm

www.null-alkohol-voll-power.de

Infos für Jugendliche zum Thema Alkohol

www.lambda-online.de
Seite für jugendliche Lesben und Schwule – mit Beratungsangebot

www.schwulejugendgruppen.de
Termine und Infos zu Treffen von schwulen Jugendgruppen in ganz Deutschland

forum.boypoint.de
Forum, auf dem sich schwule Jugendliche über Themen wie Coming-out, Beziehungen, Gesundheit und Sex austauschen

www.aidshilfe.de
Infos über AIDS

In der Schweiz

www.tschau.ch
Online-Beratung und Informationen für Jugendliche

www.lilli.ch
Experten geben Infos und Tipps rund um das Thema Sexualität und antworten online auf Fragen.

www.147.ch
Beratungsangebote und Informationen speziell für Jugendliche

www.rainbowline.ch
Beratungsangebot für Lesben und Schwule (per Telefon, Mail oder in persönlichen Gesprächen)

In Österreich

www.familienberatung.gv.at/jugendliche/
Infos zu Pubertät und Sexualität; Adressen von Beratungsstellen

rataufdraht.orf.at/
Infos zu den Themen Liebe und Sexualität, Schulprobleme und Freundschaft sowie Handy und Internet

www.courage-beratung.at
Informations- und Beratungsangebote für Lesben und Schwule; viele Links zu Treffpunkten in ganz Österreich

Die Inhalte aller Internetadressen in diesem Buch wurden mit größtmöglicher Sorgfalt ausgesucht. Die Inhalte der Seiten können aber jederzeit von den Anbietern geändert werden. Daher übernehmen wir trotz sorgfältiger Prüfung keine Haftung für die Richtigkeit, Vollständigkeit und Aktualität dieser Webseiten.

Impressum:
Bibliografische Information der Deutschen Nationalbibliothek:
Die Deutsche Nationalbibliothek verzeichnet diese Publikation in der
Deutschen Nationalbibliografie. Detaillierte bibliografische Daten sind im
Internet über http://dnb.d-nb.de abrufbar.

10 9 8 7 6   E D C B A

© 2013 Ravensburger Verlag GmbH,
Postfach 2460, 88194 Ravensburg

Alle Rechte, auch die des auszugsweisen Nachdrucks, der
fotomechanischen Wiedergabe und der Übersetzung, vorbehalten.

Text: Sabine Thor-Wiedemann
Lektorat: Gisa Windhüfel
Illustrationen: Claas Janssen
Gestaltung und Satz: Weiß-Freiburg GmbH – Graphik & Buchgestaltung
Printed in Germany

ISBN 978-3-473-55358-7

www.ravensburger.de